SOCIÉTÉ DES BIBLIOPHILES DE MONTPELLIER

L'ENTRÉE

DE

MADAME DE

MONTMORENCY

A MONTPELLIER

Réimpression de l'édition originale de 1617, précédée d'une notice & accompagnée de notes historiques & littéraires.

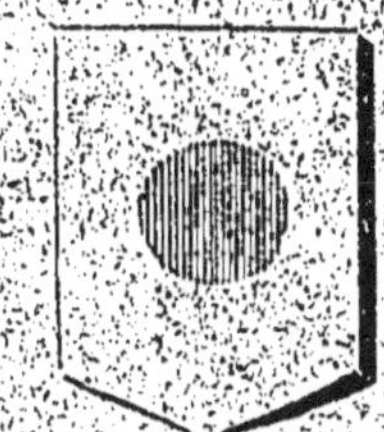

MONTPELLIER

FÉLIX SEGUIN, LIBRAIRE DE LA SOCIÉTÉ

25, rue Argenterie, 25

M DCCC LXXIII

Montpellier. — Imprimerie de Jean MARTEL aîné.

PUBLICATIONS

DE LA

SOCIÉTÉ DES BIBLIOPHILES

DE MONTPELLIER

N° I.

Tiré à 125 Exemplaires :

25 Exemplaires sur papier de Hollande, format grand-raisin ;
100 — sur papier de Rives, format carré.

N° 76

L'ENTRÉE

DE

MADAME DE

MONTMORENCY

A MONTPELLIER

Réimpression de l'édition originale de 1617, précédée d'une notice & accompagnée de notes historiques & littéraires.

MONTPELLIER

FÉLIX SEGUIN, LIBRAIRE DE LA SOCIÉTÉ

25, rue Argenterie, 25

M DCCC LXXIII

MARIE-Félice des Ursins avait quatorze ans à peine, quand on la maria avec Henri II duc de Montmorency. Issue d'une des premières familles patriciennes de Rome (1), petite-nièce par sa mère du pape Sixte-Quint, nièce de la reine Marie de Médicis, elle épousait le plus beau, le plus brave, le plus brillant seigneur de la cour de France. Tout n'était que prestige, gloire, héroïsme chevaleresque dans la destinée presque royale qui s'offrait à elle, & l'on eût dit que le Ciel, pour rehausser le mérite du sacrifice futur, avait pris le soin paternellement cruel d'orner la victime, en l'entourant de toutes les perspectives enchantées qui pouvaient promettre à la terre un modèle de gloire & de grandeur humaine.

---

(1) Elle était fille de Virginio des Ursins & de Fulvia Peretti. François Tatti Sansovino s'étend longuement sur la famille des Ursins & sur ses alliances dans son livre : *Dell' origine & fatti delle famiglie illustri d'Italia*. Venise, 1582, in-4°.

A cette époque déjà, Montmorency avait atteint ce faîte éminent de fortune, où, pour un particulier, il est aussi périlleux de s'élever que difficile de se maintenir. Mais l'orage qui devait porter la foudre était encore loin & rien ne laissait présager à l'horizon la tragique catastrophe dans laquelle devait sombrer plus tard & s'engloutir toute cette splendeur. Peu de temps après leur union, & tandis que les enchantements des premiers jours duraient encore, le duc fut obligé d'aller prendre possession de son gouvernement de Languedoc, devenu vacant par la mort du connétable son père. Marie des Ursins resta seule à Paris, attristée bientôt par les ennuis de son absence trop prolongée, & aussi par des inconstances répétées qu'elle avait fini par ne plus ignorer. Car Montmorency, tout en réservant à la chère duchesse la meilleure partie de son cœur, tout en appréciant le charme de ses grâces décentes, la beauté de son âme, la délicatesse de son esprit & le profond amour qu'elle avait pour lui, ne cédait que trop facilement, à la cour comme en province, aux entraînements si séduisants & si doux de la vie à la mode. Elle le savait, & renfermait sa douleur en elle-même, mais sa figure altérée ne la trahissait que trop. « Le duc luy demanda un jour ſi elle eſtoit malade, & luy ayant reſpondu qu'elle ſe portoit bien : cependant, Madame, reprit-il, votre viſage paroiſt changé. — Il eſt vray, répondit-elle en rougiſſant, mais mon cœur ne l'eſt pas, & cela vous doit ſuffire (1). »

Cette absence qui dura plus d'une année devait être lourde à supporter pour cette aimable & vertueuse femme, éprise d'une passion presque romanesque pour son mari, passion extraordinaire, dans laquelle se concentra & se consuma toute son existence. Durant cet intervalle, elle s'était confinée dans le Louvre, languissante & silencieuse, cherchant les galeries les plus reculées du palais pour y promener sa lente rêverie, & sourde à toutes les distractions qu'essayait de lui donner Marie de Médicis. « Nous n'avons plus que la moitié de Madame de Montmorency, disait la reine ; son corps est avec nous, son esprit en Languedoc. »

Les deux époux se rejoignirent un moment à Bordeaux, lors du voyage que la cour y fit à l'occasion du mariage du roi avec l'infante d'Espagne, mais pour se séparer encore jusqu'à l'époque où les fêtes de ce mariage ramenèrent le duc à Paris. Enfin, quand les devoirs de sa charge le rappelèrent dans son gouvernement qui jouissait alors d'une tranquillité parfaite, la duchesse

(1) Ducros, *Hist. de Henry dernier duc de Montmorency.*

obtint cette fois de suivre son époux. Ils partirent accompagnés de Don Cosme des Ursins, son frère, qui était venu de Rome pour la voir.

Ce fut une promenade triomphale dans la province, à travers toutes ces populations accourues sur leur passage pour voir de près & acclamer la gracieuse gouvernante de seize ans qui venait vivre au milieu d'elles. Son entrée solennelle dans Montpellier fut le terme de ce voyage merveilleux dans lequel le duc, s'effaçant complètement lui-même, avait voulu que tous les honneurs fussent pour la duchesse & qu'elle seule répondît à tous les discours & reçût tous les hommages.

C'est la relation de cette entrée, court & radieux épisode d'une vie destinée à s'éteindre dans la douleur & dans les larmes (1), que nous publions, d'après l'imprimé qui parut alors chez Jean Gilet, à Montpellier.

On connaît l'importance qu'avaient jadis les cérémonies de ce genre. Elles suffisaient pour mettre pendant plusieurs jours toute une ville en liesse. On s'y préparait long-temps à l'avance,

---

(1) La vie de Madame de Montmorency a été écrite par *Ch. Cotolendi* (Paris, Barbin, 1684, in-8°); par *Cl. Garreau* (Clermont-Ferrand, 1769, 2 vol. in-12); & en dernier lieu par *M. Amédée Renée* (Didot, 1858, in-8°).

on en parlait long-temps après. La cité toute entière se mettait en mouvement & revêtait ses plus beaux habits de fête. Peintres & décorateurs, poëtes & beaux esprits s'évertuaient à trouver les dispositions les plus nouvelles, les compositions les plus ingénieuses pour surpasser tout ce qui s'était vu jusqu'alors en pareil cas, & accueillir aussi magnifiquement que possible le nouvel arrivant.

Le thème le plus ordinaire était pris des circonstances mêmes de sa venue, des illustrations de sa race & de ses alliances, des charges dont il était revêtu & du blason de ses armes. Tout l'arsenal mythologique était mis à cet effet à contribution pour décorer les arcs de triomphe & les portails élevés sur son passage, & chargés à profusion d'emblèmes et de légendes, d'anagrammes & de devises, écrits en plusieurs langues & soumis à certaines règles de composition qu'il fallait rigoureusement observer.

De toutes ces relations si recherchées des bibliophiles, la nôtre est certainement une des plus rares ; elle ne figure ni dans le Manuel de Brunet ni dans la précieuse collection Ruggieri, qui vient d'être vendue aux enchères. Nous la donnons d'après l'exemplaire ayant appartenu aux frères Sainte-Marthe , & possédé maintenant par la Bibliothèque Nationale.

Les comptes de la maison consulaire, pour l'année 1617, ne fournissent aucun renseignement sur les artistes qui furent chargés d'exécuter toutes ces fastueuses décorations ; mais en rapprochant les notes des travaux de même nature faits avant ou après cette date pour les entrées moins brillantes de Madame de Chatillon ou de Madame de Ventadour, on voit qu'elles doivent être principalement attribuées à Pierre Varin, assez bon peintre de l'époque, le commensal & l'ami de Marin Bourdon, père de Sébastien, & peut-être le premier maître de son fils.

Quant à l'auteur de la relation elle-même, nous serions encore à l'ignorer, si en parcourant la précieuse correspondance de Peyresc conservée à la bibliothèque de la ville de Carpentras, nous n'étions tombé sur la lettre suivante :

« *Monsieur,*

» *Il y a long tems que j'ay receu de vos lettres avec la relation de l'Entrée de Madame de Montmaurensi, laquelle a esté treuvée si curieuse & si gentille, que je ne pense pas qu'il s'en voye de mieux entendeue & de mieux devisée que celle-là. J'en envoyai aussitost un des exemplaires que j'avois, en Italie, à un grand personnage qui en a faict fort grand cas & m'en a bien remercié. Aussy est-ce le plus joly recueil qui se puisse treuver & le plus honorable choix d'éloges d'honneur pour deux familles particulières que vous rendez encore plus illustres qu'elles n'estoient.*

» Paris, ce 17 janvier 1618. »

Cette lettre est adressée à *Messire Ranchin, conseiller du Roy en ses conseils & advocat general en la cour des aydes de Montpellier*. Il en résulterait, ce nous semble, que *l'Entrée de Madame de Montmorency* est l'œuvre d'Antoine Ranchin, qui, en 1604, avait succédé dans ces fonctions à Guillaume Ranchin, fonctions qu'il échangea plus tard contre celles de conseiller en la même cour. Antoine Ranchin mourut au mois de juin 1637, âgé de soixante-trois ans.

L'ENTRÉE DE MADAME DE MONTMAVRENSI A MONTPELIER.

A MONTPELIER

PAR IEAN GILET,

Imprimeur du Roy.

M. DC. XVII.

ADVERTISSEMENT

DE L'IMPRIMEVR.

IL a falleu peindre ſur le papier ce qu'on peignit ſur le bois pour la réception de Madame de Montmaurenſi dans Montpelier, afin qu'en l'accueil plein d'honneur & de resjouiſſance qu'elle y receut, & en l'exaltation qu'on y fiſt de la maiſon des Vrſins dont elle eſt ſortie, & de celle de Montmaurenſi où elle eſt entrée, l'affection & la magnificence du Diocèſe & de la ville de Montpelier paruſſent à tout le monde, & que les ouvrages dreſſez pour cette pompe, duraſſent encore aprez la deſmolition. C'eſt pourquoy celuy qui en a èu la direction, acquieſçant aux ſemonces de tant de perſonnes honorables & curieuſes, & notamment de Meſſieurs les Députez du Diocèſe, a trouvé bon que ma preſſe (au lieu de ma plume) donnat au public ce memorial de la gloire de deux tant illuſtres familles & de la dévotion des peuples de Languedoc au ſervice du Roy & de ceux qui le repreſentent. Ce n'eſt pas qu'il ait creu de contenter la delicateſſe des eſprits de ce tems, car comment ſe le fuſt-il promis puiſqu'il ne s'eſt jamais peu ſatisfaire à ſoy-meſme: ce que les peintres n'ont que trop eſprouvé *par les adjouſtemens, effacemens & changemens qu'il leur preſcrivoit à toute heure, prenant le plus ſouvent ſes conſeils ſur l'arène, & s'inſtruiſant à la poterie, ſur le pot. Auſſi deſire-t-il, ſi ſon inexperience en cette ſorte de beſongne n'eſcredite celle-ci, que la qualité du ſubject luy donne paſſage, & que les traits, s'ils ſont jugez trop plats pour la matière, ſoient excuſez pour leur reſſemblance avec les images qui furent toutes ſans relief. Mais il ne voudroit pas que pour avoir trop fait entendre ſon intention par les figures & les paroles conceues ez ſeules langues latine & trois autres vulgaires dont elle eſt la matrice, quelqu'un y fiſt par trop de l'entendu, demandant entr'autres choſes des enigmes ou des anagrammes qu'il en a juſtement bannis: les uns, par leur obſcurité qui donne torture aux lecteurs, point d'honneur à ceux pour qui on les fait: & moins à ceux qui les font; & les autres d'autant que pour heureuſement que les noms ſoient renverſez, la gloire en eſt pluſtoſt donnée à la rencontre & favorable conſtitution du nom qu'à l'induſtrie. Et au ſurplus, il n'eſtime pas que ce corps démembré par l'abattement de ſes machines & deſpouillé de ſes peintures qui le formoient & l'embelliſſoient auparavant, doive, à guiſe d'un skelète ou carcaſſe disjoincte eſtre moins agréable: car les blaſons, les deſcriptions & autres diſcours qui s'y treuvent parſemez pour ſervir de ligamens à raſſembler ſes os, de chair à renfler ſes muſcles & d'eſprit à le ranimer luy donnent un nouveau credit avec un nouvel eſtre. Il eſt bien vray qu'il en a retranché le récit des actions ou des ſpectacles qu'il euſt ordonnez ſi les ouvriers ou l'ouvrage l'euſſent permis : aimant mieux, aprez avoir faict ce qu'il vouloit, eſtre accuſé d'impuiſſance que de faire le ſçavant & l'ingénieux à contre tems, & d'eſtaler les deſſeins formez à loiſir aprez l'évènement. Moins a-t-il voulu tranſcrire des hiſtoires & les embellir, quoyque la choſe le valeut & le requiſt, de peur de compoſer un gros volume au lieu d'un petit recueil & de faire autant de deſpense & d'appareil pour les arcs & portaux d'une entrée que pour des palais entiers, donnant ſubject aux ſpectateurs de demander ou eſt la maiſon de ces portes. Adieu.*

RECVEIL

DE CE QUI SE FIST A L'ENTRÉE DE MADAME DE MONTMAVRENSI A MONTPELIER

RÉCIT DE CE QUI SE FIST HORS LA VILLE.

LE Dimanche 18me du mois de juin 1617, aprés que Madame la ducheſſe de Montmaurenſi euſt diſné dans le chaſteau de Boutonnet à une arquebuſade de la ville, & receu tous ceux qui ly vindrent ſaluer, & qu'elle euſt accepté pour ſes gardes quinze jeunes gens habillez et armez en amazones, que Meſſieurs les conſuls luy préſenterent & luy en firent raconter l'adventure par celuy qu'ils avoient commis à leur conduite, elle partit ſur les quatre heures du ſoir dans une litière deſcouverte accompagnée d'une grande quantité de nobleſſe qui faiſoit pour le moins 500 hommes, & d'environ 200 bourgeois à cheval, outre une compagnie de 100 cavaliers bien armez; & vid a ſon chemin un combat de la cavalerie contre l'infanterie rangée en un bataillon composé de mille arquebuſiers ou piquiers commandez & preſentez par leur colonel.

Ce faict, tous les gens de pied ſe mirent devant & firent haie depuis l'entrée de la porte Saint-Gély juſqu'au milieu de la rue de la Cotelerie ou eſtoit le logis de Mr. & Madame de Montmaurenſi, & de dom Coſme des Urſins ſon frère (*a*). La cavalerie ſuivit & paſſa tout au travers, puis les amazones & les ſix conſuls à la queue, veſtus de leur robe d'eſcarlate qui, par la bouche de leur aſſeſſeur la receurent à vingt pas du premier corps de garde de la porte, & luy preſentèrent le poëſle qu'elle refuſa; & en même tems elle fuſt ſaluée par les trompettes logées aux creneaux de la première porte (*b*), enſemble par les canons & pétards ou mortiers qui eſtoient ſur la muraille.

SOMMAIRE DE CE QVI SE FIST DANS LA VILLE.

AVANT que passer plus oultre, il est à remarquer qu'il y avoit depuis l'entrée jusqu'à son logis six arcs triomphaux dont la figure de la porte se comptoit pour un, & les autres cinq avoient chascun son ordre d'architecture divers, le toscan, le dorique, l'ionien, le corinthien & le composé, avec leurs colonnes, architraves, frises, corniches, couronnemens & autres parties bien proportionnées & bien esla-bourées. Le sommaire de tous estoit que :

La ville de Montpelier s'offroit à Madame de Montmaurensi. Abregé du premier arc.

Issue de l'illustre famille des Ursins, Abregé du second arc.

Et mariée à Mr. le duc de Montmaurensi Abregé du troisiesme arc

Issu d'une des plus illustres races de France, Abregé du quatriesme arc.

Et se resjouïssant de la paix nouvellement acquise par le Roy & annoncée par ceste Dame, Abregé du cinquiesme arc.

Se promettant à son advenement & par cet evenement l'augmentation de la maison de Montmaurensi en honneurs & commandemens sur la mer & sur la terre, & de la province de Languedoc en toute sorte de prosperitez. Abregé du sixiesme arc.

DV PREMIER PORTAIL, OV LA VILLE S'OFFRE SOY-MESME A MADAME DE MONTMAVRENSI.

AYANT passé le pont-levis juſqu'au ſecond ravelin, elle vid ſur un théatre couvert de verdure le Génie de Montpelier repréſenté par un jeune garçon bien couvert, ayant l'eſpée au coſté; qui luy récita ces vers à ſa louange ſe reportant à la figure peincte ſur le front de la porte, pour luy donner loiſir de la voir :

Le reſpect ſur le front, le cœur plein de merveille
Madame, me voicy ravy d'eſtonnement,
Auſſy devant les yeux d'une grandeur pareille
Un mortel ne ſe peut preſenter autrement.

Ceſte belle cité, nourricière ſeconde
De tant de beaux eſprits & en armes vainqueurs,
Pour exprimer ſa joye à nulle autre ſeconde
Eſt bien aiſe d'avoir un million de cœurs.

Elle auroit bien mis bas ſes ſuperbes murailles,
De ſon humilité teſmoignage aſſuré,
Faiſant ce que n'ont fait ni ſiéges ni batailles,
Mais perſonne au dedans ne ſeroit demeuré.

Madame, voyez-la sortant hors d'elle-mesme
Comme elle est suspendue en des ravissemens,
Montée au plus haut point de ses joyes supresmes,
Commençant à jouir de vos embrassemens.

Jetez-luy, s'il vous plaist, un regard favorable,
Et glorieuse entrez sous ces arcs triomphaux
Auxquels si l'art estoit de son amour semblable,
Vous-mesme ne sauriez rencontrer de défauts.

G. (*c*)

Ce premier arc mis sur la porte estoit sans art, bordé d'un cordon de verdure enveloppant l'ouverture & son embellissement. Il consistoit en la demie statue d'un Roy couronné posé sur la clef de l'arcade, tenant un sceptre à la main. De sa teste fendue par le milieu naissoit une femme depuis les genoux, ayant sur soy toutes les marques de la guerre, de la paix, des sciences & des arts : le casque couronné d'olivier sur la teste, une lance à la main droicte, & un livre ouvert à sa gauche, ou par ces mots :

ET MARTE ET ARTE

elle se disoit propre pour Mars le dieu de la guerre & pour les arts, & s'appuyoit du coude gauche à un escu planté sur un autel; l'escu contenoit les armoiries de la ville, lesquelles sont d'argent au besan de gueules, & l'autel, ces vers :

Deſſus cet autel je deſcouvre
Mes vœux & deſirs plus ardens,
Et vous ouvrant mes portes, j'ouvre
Les cœurs de tous ceux du dedans,
Ravie d'un plaiſir extreme
Que me faict ſortir de moy-meſme.

Sur la teſte de ces ſtatues eſtoient les armes du Roy, & plus bas celles de Monſieur de Montmaurenſi, d'or, la croix de gueules, à ſeize alérions ou alélions d'azur; & à coſté celles de Madame en ovale, parti de Montmaurenſi & des Urſins qui eſt d'argent aux trois bandes de gueules, au chef d'argent chargé d'une roſe de gueules, ſouſtenu de Bracciano, qui eſt d'or au ſerpent de ſable. Et plus bas au coſté droict eſtoient, pour Mr. de Chaſtillon, gouverneur de la ville, celles de Coligny, de gueules à l'aigle eſployé d'argent (*d*); & au coſté gauche, celles de la ville de Montpelier.

Par ceſte figure on a vouleu dire que comme Pallas la déeſſe de la ſageſſe, des arts & des armes naſquit de la teſte de Jupiter le roy des dieux, auſſy la ville de Montpelier ornée de tant de beaux privilèges de tant d'univerſitez & de ſièges de juſtice & de finances, & remplie d'artiſans & de gens de guerre & de ſçavoir, tire l'origine de tous ſes honneurs & de ſes avantages de nos Roys qui ſont les Jupiters de la guerre.

L'ARC DÉDIÉ AVX VRSINS.

DÈS qu'elle fust dans la ville, elle vid le second arc & fust accompagnée du son des hautbois qui y estoient, jusqu'à ce qu'elle put ouïr deux chansons qui luy furent chantées par un Orphée ou musicien enfermé dans un pavillon de reseuil, dont la premiere estoit françoise qui l'invitoit de passer les yeux sur les ornemens de ce portail, & l'autre italienne à sa louange :

LA FRANÇOISE.

Arreste un peu ton char, grand soleil, & visite
Avec plus de loisir ceste tienne maison,
Puisque cette saison
Gracieuse t'invite
De luire plus long tems dessus nostre horison.

Quitte tant seulement, s'il te plaist, ta couronne,
Qui de ses chauds rayons trop ardente nous cuit,
Car ton œil qui reluit
Et de ses feux s'environne
Peut bien faire un beau jour de la plus sombre nuit.

G.

L'ITALIENNE EST DE GVARINI mais fort à-propos chantée pour Madame de Montmaurenſi qui s'appelle Félice.

Heureux qui vous regarde, mais plus heureux qui ſouſpire pour vous, & tres-heureux celuy qui ſouſpirant vous fait ſouſpirer. Celuy-là naſquit ſous un aſtre favorable qui peuſt pour une ſi belle dame rendre égalément ſon cœur & ſon deſir content, & qui peuſt en ſeureté dire : ce cœur eſt mien.

Felice chi vi mira
Ma piu felice chi per voi ſoſpira :
Feliciſſimo poi
Chi ſoſpirando fa ſoſpirar voi :
Ben'habbe amica ſtella
Chi per donna ſi bella
Puo far contento in uu l'occhio e'l deſio
E ſicuro puo dir : quel cor e mio.

Cet arc baſti ſur le haut de la rue de Saint-Gély avoit deux arceaux à ſes coſtés, & des baluſtres au-deſſus, & portoit ſa dedicace en lettres capitales autour de la vouſte, pour l'illuſtre famille des Urſins :

A la vertu & à la hauteſſe de la famille des Vrſins.

VIRTUTI ET CELSITUDINI
GENTIS VRSINÆ

Et audeſſus du frontiſpice s'eſlevoient deux hommes armez en Mars, ſouſtenans de leurs mains les armes de la ville de Rome qui ſont ces quatre lettres miſes en bande, que l'ancienne république de Rome mettoit en ſes eſtendarts & à la teſte ou à la fin de ſes decrets & ordonnances,

S. P. Q. R.

Le Sénat & le Peuple romain.

avec une tiare papale d'or, ſur l'eſcu : Ce qui marquoit les Urſins originaires & déſenſeurs de la ville de Rome & par conſéquent des papes qui y réſident & en ſont ſeigneurs temporels.

Ez pieds de ces deux ſtatues ſe liſoient les noms de quelques Urſins qui en repréſentoient encore d'autres qu'on ſçait avoir dignement aſſiſté leur pays & les Papes, comme :

Furius Camillus
Joh. Anton. } VRSINI
Virgin.

Et d'autant que les premiers roys des Romains ſont feints eſtre nez de Mars, & que les Urſins peuvent eſtre creus en tirer leur origine, ces vers ſe liſoient ſur le couronnement :

Race de Mars à mille autres ſeconde,
Mère de tant de demi-dieux,
Puiſque vos faicts dignes des cieux,
Vont ſouſtenant l'emperiere du monde,
Vous meritez l'empire
De tout ce qui reſpire.

Mais parce que les Urſins ont ſervy nos Roys

ſeigneurs de Naples & de Milan, à la conqueſte de ce pays, au coſté droit du frontiſpice eſtoit la figure bronzée d'un autre Mars armé & veſtu à l'antique, portant de ſes mains deux eſcus joints, l'un des anciens Roys de Naples ſortis du ſang de France, qui portoient d'azur ſemé de fleurs de lys d'or au lambeau de gueules, l'autre des ducs de Milan qui eſtoit d'argent au ſerpent d'azur couronné d'or, vomiſſant un enſant de gueules; & aux pieds de la figure eſtoient nommés entre pluſieurs, quelques principaux partiſans de la France :

NEAPOL.
ROBERT. } VRSINI
VIRGIN.

Au coſté gauche du couronnement ſe voyoit une ſtatue bronzée ſouſtenant d'une main l'eſcu de la République de Veniſe qui eſt un lion aiſlé ayant un livre ouvert ſous la patte, où eſt eſcrit :

S. Marc de Veniſe. S. MARCUS VENETVS.

Et aux pieds de la ſtatue, les noms des principaux amis des Vénitiens :

NICOL.
BARTH. } VRSINI
VALER..

Au milieu de la frise paroissoit une dédicace plus particulière de l'arc à Madame de Montmaurensi, en faveur de la quelle & de sa race, la ville de Montpelier avoit érigé ce portail :

MARIÆ FELICI VRSINÆ
VRBEM FELICISSIMIS AVSPICIIS
INGREDIENTI, MONSPESSVLVS
EREXIT.

Montpelier l'a dressé pour Marie Felice des Vrsins y entrant avec toute félicité.

En une de ses fasces de la frise saillante sur les colonnes, se lisoit :

ET AVOS NVMERAMVS
AVORVM

Nous comptons les ayeux des ayeux.

Parce que ce sont les ayeux des ayeux qui ont rendu ces bons offices à tant de princes & de Républiques, soustenans leurs estats sans ployer soubs le faix; ce que l'autre fasce disoit en ces termes :

SVSTINENT NEC FATISCVNT.

Ils soustiennent sans défaillir.

En une table d'attente posée sur l'arceau droict & au plus haut, y avoit une tiare papale, environnée de chapeaux de cardinaux & de croix d'archevesques & autres dignitez ecclésiastiques; au dessoubz quelques lances, cuirasses, pots, enseignes

& autres trophées militaires ſignifiant que les Urſins ont poſſédé toutes ſortes de charges & de commandemens en l'égliſe catholique romaine & en la guerre, & au milieu de ces trophées, ces vers :

Le Lombard, le Venitien, le François, le Spoletan, & le Toſcan doivent leurs capitaines aux Vrſins : Rome ſes Pères ; l'Europe ſon honneur & la campagne de Rome ſa conſervation.

Inſuber Vrſinis, Venetuſque & Gallus & Vmber
Gens & Etruſca, duces ; & ſacros inclyta debet
Roma patres, Europa decus, Latiumque ſalutem.

Au frontiſpice de l'arceau droict, un collier de chien de berger avec ſes pointes aigues : deviſe appropriée à Nicolas des Urſins, comte de Perigliano, & rendue commune à ceux de ceſte famille, parce qu'ils ſe ſont défendus en attaquant, comme il eſt dénoté par ces mots :

Il bleſſe & défend.

SAVCIAT ET DEFENDIT.

En une autre table miſe ſur l'arceau gauche & au haut d'icelle, des couronnes de ducs, marquis & comtes entaſſées pour faire voir qu'il y a toute ſorte de grands ſeigneurs parmi les Urſins.

Et au-deſſoubz quelques couronnes de victoire & de paix faictes de cheſne, d'olivier, de palme & de lauriers, ſignes des effects de leur courage : & au milieu de ces trophées, ces vers de Petrarque ſervant de proverbe en Italie, & teſmoignant que l'ancienne valeur des Italiens, revift en cette race:

L'antico valore negli Italici cor
Non e encor morto.

L'ancienne valeur n'eſt pas encore morte, ez-cœurs Italiens.

Dans le couronnement de l'arceau gauche, la roſe eſpanouie de leurs armoiries, avec un eſcarbot au milieu qui meurt dèſqu'il s'en approche, comme les méchans dès qu'ils s'en prennent aux Urſins; de meſme qu'on dit que Vénus préſerva le corps d'Hector de la morſeure des mâtins d'Achille, parce qu'elle l'oignit d'huile faicte de roſes, & ces mots eſtoient à l'entour:

TVRPIBVS EXITIVM.

Mort aux choſes de néant.

Au revers de ceſt arc, paroiſſoient les ſtatues par le derrière.

Et audeſſoubz d'icelles, dans le frontiſpice une louve allaitant deux enfans, par figure de la ville de Rome, mère des Urſins, & de tant de roys, d'empereurs, & d'autres grands ſeigneurs du monde:

HÆC GENERAT QVI CVNCTA REGVNT

Celle-ci engendre les dominateurs du monde.

La frise contenoit un abregé des louanges de ceste maison digne de l'empire d'Italie:

Voicy la fameuse maison née pour les grands empires, élue du ciel, & digne par son merite de gouverner l'Italie.

En magnis nata imperiis, domus inclyta, cœlo
Electa, Italicum merito quæ temperet orbem.

Et quelques enrichissemens à chasque costé des vers.

Au triangle droict formé par la voutures & la colonne, se voyoit une ourse avec ses estoiles, & ces mots:

Elle ne se cache jamais.

NVNCA SE ESCONDE.

Pour dire que de mesme que l'astre de l'ourse dicte Hélice ne se cache jamais, roulant tousjours à l'entour du posle, aussy la famille des Ursins qui prend son nom de ceste animal, a tousjours paru dans le monde.

En l'autre triangle, un rosier portant une rose plantée parmy des ognons & aulx, avec ces paroles

Elle sort plus odorante d'entre ses contraires.

OPPOSITIS FRAGANTIOR EXIT

parceque, comme la rose naissante parmi les ognons restreint tellement sa vertu dans soy-mesme qu'elle en est mieux flairante; aussy les Ursins représentez par la rose de leurs armoiries, se signalent & se ſont plus valoir parmy les difficultez & les obſtacles qu'on leur oppoſe.

Dans une table d'attente, ſous l'arceau droict, un ours tenant d'une patte une bannière eſlevée, où eſtoit eſcrit :

KAROLVS VRSINVS

& ſoubz ſes autres pattes des armes & des trophées de guerre où eſtoient en une enſeigne les armes du Pape qui ſont deux clefs d'argent en ſautoir & une mitre papale au-deſſus, & en une autre les armoiries de Borja maiſon d'Eſpagne dont le pape d'alors portoit le nom, & à l'entour :

VLTOREM ET SERVATOREM
CENSERE QVIRITES.

Pour monſtrer que Charles des Urſins frère baſtard de Robert, desfit en une bataille le fils du pape Alexandre VI qui vouloit deſpoſſéder les Urſins de leurs terres & les chaſſer de Rome & des environs ; ſi bien que par ceſté victoire ils ſe vengèrent des Romains & les conſervèrent en liberté.

Et en un carré mis ſoubz la précédente table, y avoit une tiare papale d'or, & à l'entour de ſon diadème :

NICOL. PP. III.

& d'elle naiſſoient deux ſceptres, avec ces mots à l'environ :

Le meſme eſt roy des hommes & preſtre de Phœbus.

Rex idem hominum, Phœbique ſacerdos,

ce qui marque Nicolas III pape de la maiſon des Urſins qui s'appeloit auparavant Jean Cajetan : créé l'an 1277, qui fuſt grand juſticier & amateur des lettres & des ſciences en telle façon qu'il entreprit de faire deux rois en Italie, de ſa race.

En la table du coſté gauche, eſtoit un grand ſcel royal contenant un roy couronné, aſſis en ſon lict de juſtice & veſtu d'une robe d'azur fleur de liſée d'or, tenant à ſa droicte un ſceptre, à ſa gauche une main de juſtice, & ſoubz ſes pieds un lion, & à l'entour du ſcel :

KARO. VII. D. G. REX FRANCO.

& le ſcel environné du manteau & chaperon d'eſcarlate rouge, rebrouſſé & fourré d'hermines & deux paſſemens d'or à chaque eſpaule avec le mortier ſur le tout de drap d'or, comblé d'or & de perles orientales, & ce nom ſur le bord du mortier :

GVILL. JVVEN. VRSI.

Audeſſus pour eſcriture :

Ceſar a daigné parler au monde par ceſte bouche.

.... Hujus dignatus ab ore
Cæſar in orbe loqui.

Et toutes ces marques ordinaires aux chanceliers repréſentoient Guillaume Juvénal des Urſins qui ſoubz le roy Charles VII fuſt chancelier de France.

En un quarré mis ſoubz la précédente table, les armes de Veniſe dont le lion eſtoit attaché par le col à une chaiſne qu'un coutelas tenu par une main ſortante d'une nüe coupoit par le milieu, & dans le livre du lion eſtoit eſcrit :

PERIERAM NISI PERIISSET.

J'eſtois perdu s'il ne ſe fuſt perdu.

& à l'entour de la nüe, le nom du comte de Perigliano :

NICOL. VRSI.

qui fuſt faiɛt priſonnier par le roi Charles VIII, mais il ſe ſauva durant la bataille de Fornove ou de Tarro & ſe jeta du coſté des Vénitiens qu'il garantit parce qu'ils s'eſtoient auparavant perdus d'une perte inévitable. Dans le couronnement de l'un des arceaux il eſtoit dit en ce demi-vers :

Per faſces numerantur avi

Leurs ayeux ſe comptent par dignités.

que les Urſins ſe comptent pluſtoſt par les dignitez que par les noms des perſonnes, & dans le ſecond, en ceſt autre :

Et prolem fata ſequuntur.

Les deſtinées ſuivent cette race.

On vouloit teſmoigner que la bonne fortune

accompagne de tout temps cette puiſſante & ancienne famille. A L'HONNEVR DE LAQVELLE on euſt peu remplir non pas ſeulement les arcs dreſſez pour ce triomphe, mais les faſciates de toutes les maiſons de la ville, ſi les 9 livres compoſez par Sanſovin de la famille des Urſins euſſent paſſé les monts & s'il n'euſt eſté néceſſaire de limiter & d'eſpartir également l'ouvrage ſuivant le projeƈt. Il a ſuffi d'effleurer légèrement ce qui s'en treuve eſpars en diverſes hiſtoires de noſtre tems & faire un tableau raccourci des louanges de ceſte maiſon conneue par toute l'Europe, comme les peintres & les géographes qui figurent & repréſentent tout le monde en une petite carte.

L'ARC DE L'ALLIANCE DES VRSINS

ET DES MONTMAVRENSI.

AVANT que d'aborder le ſecond arc, il y avoit un théatre ſur lequel ſonnèrent ſix fleuteurs, puis un Apollon fiſt de ſon luth & de ſa voix entendre ceſte chanſon :

Que le ciel eſt propice
A noſtre Felice
Puiſque meſme les dieux
Et celle qui de l'onde
Voulut naiſtre au monde
N'adorent que ſes yeux.

L'eſclat de ceſte gloire
Garde la memoire
De ſa noble maiſon;
En ſa riche parure,
Nous avons l'augure
D'une heureuſe ſaiſon.

Son aimable alliance
Noſtre ſouvenance
Occupe déſormais;
Et par ſon efficace
L'une & l'autre race
Se provigne à jamais.

Ceſte douce eſperance
Sert de recompenſe
A nos vœux immortels,
Qui pour tout ſacrifice
N'ont que ſon ſervice
Et nos cœurs pour autels.

Les troupes ordonnées
D'aiſe couronnées
Baiſſent leurs eſtendarts,

En la voyant paroistre
Elles veulent estre
Subjectes à ses dards.

Le soleil & leurs armes
Pour luire à ses charmes
Y forment des débats,
Mais le feu qui preside
En son œil réside
Et finit ces combats.

Nos beautez condamnées
Par les destinées
Demeurent sans pouvoir,
Et la fleur de leur asge
Bénit l'avantage
Qu'elles ont de la voir.

Les nymphes amoureuses
En sont desireuses
Mais la voulant louer,
Ceste grande courtoisie
Entre en jalousie
Qui la doibt saluer.

Bel astre qui habites
Au ciel des charites,
Puisse ceste cité
De pareille victoire
Orner son histoire
En ta posterité.

F. D. R. (*d*).

Ce portail basti en la ruë de la vieille Aiguillerie, contenoit dans son frontispice un ange du costé droict & une nymphe eschevelée du gauche, tenans un demy cœur chascun où estoit, sçavoir en l'un la moitié des armes de Montmaurensi, & en l'autre la moitié de celles des Ursins, & les approchans, en sorte qu'ils commençoient s'entretouchans à faire un cœur entier, & audessus, ces paroles de Guarini :

E son como d'amor baci bacciati
Gli incontei di duo cori amanti amati.

Les rencontres de deux cœurs s'entr'aimans, sont comme des baisers d'amours s'entrebaisans.

Et au costé droict de l'ange estoit en un grand rond un cœur dont une moitié contenoit les armes à moitié de Montmaurensi & l'autre estoit vuide ; & au costé gauche estoit un autre cœur ayant les armes des Ursins en la mesme sorte : pour monstrer que de ces cœurs entiers les demi-cœurs tenus par les anges estoient arrachés pour en faire un par le moyen de l'alliance de Montmaurensi & des Ursins.

Et en une des saillies de la frise posante sur la colonne, un alélion d'azur qui portoit une rose de gueules au bec, & audessus trois mots qui contre la nature de la devise nommoient une des figures y contenues, à cause de la rencontre agréable des paroles :

PRO RORE ROSAS

parce que l'alélion de Montmaurenſi vivant d'ordinaire de l'air a changé de nourriture pour les roſes des Urſins, & s'eſt à l'exemple des ſages de l'Inde attiré l'amour des roys par le moyen de ceſte fleur.

A l'autre bout du coſté de la nymphe, un bouton de roſe éclos & penchant vers un ſoleil du coſté droict où eſtoit l'ange de Montmaurenſi, & ces mots eſpagnols appropriez ailleurs à la tulipe, comme la deviſe l'eſt à l'amour entière de la femme envers ſon mari :

Sans ſes rayons mes eſmois.

SIN SVS RAYOS, MIS DESMAYOS.

Au milieu de la friſe il eſtoit dit que des lauriers meſlez avec les roſes que les poètes feignent avoir pris naiſſance du ſang de Vénus, plantes cueillies ez plus belles provinces de la chreſtienneté, naiſtroient des amours & des Mars.

Puiſque la roſe d'Italie
Au laurier de France s'allie,
Et qu'on ne peuſt cueillir ailleurs
Rien de plus divin ſur la terre,
Ces plantes feront au lieu de fleurs
Des dieux & d'amour & de guerre.

A l'entour de la vouſte, où liſoit le ſommaire

de cest arc élevé pour l'alliance de ces deux maisons :

VRSINORVM CVM MONT-
MAVRENSIIS AFFINITATI

A l'alliance des Vrsins avec ceux de Montmaurensi.

& à la descente droicte de la clef de l'arcade, un chiffre des lettres capitales de leurs noms qui sont des H & des M.

A la gauche, un autre chiffre de leurs noms & surnoms qui sont des F. M. V. & H.

A l'autre fasce de cest arc & dans le couronnement, deux flesches croisées dont les pennes formoient un cœur ayant une de ses moitiez pleine des armes des Ursins & l'autre vuide : & la flesche droicte perçoit quatre ou cinq demy cœurs couchez les uns sur les autres, contenant les armoiries des maisons principales qui ont donné des femmes aux Ursins, sçavoir, du roy de Naples, de Rovère dont estoit le pape Jules II, & les ducs d'Urbin : de Peretti dont estoit le Pape Sixte-Quint, de Gonzague d'où sont les ducs de Mantoue; des Ursins d'où sont les ducs de Bracciane & de Gravine; les comtes de Perigliano & autres : Et la flesche gauche traversoit autant de demy cœurs pleins des armes des familles où les Ursines se sont mariées, comme de Sforze, de Farnèze d'où sont les ducs de Parme & de Plaisance, de Médicis d'où sont les grands ducs de Toscane, de Gonzague &

de Mantoue, de Montmaurensi, & ces mots au-dessus des deux flesches :

TRANSADIGVNT QVOS-
CVMQVE PETVNT.

Dans la frise, pour bien veneue, une louange meslée d'un souhait que ces dieux puissent faire d'autres dieux

Subeas tecta tua propago
Prole deum genita & prolem genitura deorum.

Au costé droict du frontispice sur la corniche, les armes pleines de Montmaureusi.

Au costé gauche, celles des Ursins, avec leurs couronnes ducales : & ez-vuides de l'arcade, des alélions & des roses.

L'ARC DE MONTMAVRENSI

EN la rue de l'Aiguillerie nouvelle, prez de la chapelle de Saint Nicolas (*e*), y avoit un autre arc triomphal dedié à la maison de Montmaurensi, à dix pas duquel les violons sonnans sur un théatre tapissé furent fendus & le ſon interrompu par un jeune garçon habillé en Mercure avec ſa capeline aiſlée, ſon caducée & les aiſlerons ez pieds : qui prononça une ode entière à la louange de Madame de Montmaurenſi :

Douce lumière & deſirable
Plus que celle meſme des cieux
Aſtre benin & gracieux
Qui viens d'un aſpect favorable
Chaſſer loin de noſtre cité
Toute ſorte d'adverſité,
Et d'une ſecrète influence
Aſſembler en meſme ſaiſon,
Par la vertu de ta preſence,
Les fleurs & les fruits à foiſon.

Adorable & chaſte Marie
Par vous & par vous ſeulement
D'un ſi pompeux habillement
La terre aujourdhuy ſe varie :
Les fleurs qu'on voit en mille parts
Sont l'ouvrage de vos regards,
Et l'émail qui les rend ſi belles
Et ſi vives en leur couleur,
Si elles eſtoient naturelles
Seroient d'une moindre valeur.

Bien loin, vers le rivage more,
Deſſoubz un ciel pur & ſerain,
La mère perle ouvre ſon ſein

Aux pleurs que lui verse l'aurore,
Où sont formez tout à l'instant
Les joyaux qu'on estime tant :
Ainsy ny plus ny moins, Madame,
Comme la courriere du jour,
Vostre venue ouvrant nostre ame,
Y produit des perles d'amour.

Les dieux sachant vostre adventure
Et la splendeur de vostre sort
Ont faict de vous d'un mesme accord
Un chef-d'œuvre de la nature ;
La merveille de vos beautez (f)
Faict que nos sens sont enchantez
En des ravissemens extremes :
Bref nostre esprit est sans défaut
Ou les vertus sont tout de mesme
En leur periode plus haut.

En naissant vous fustes vouée
Pour un reciproque bonheur
A ce grand duc dont la valeur
Ne peut assez estre louée :
Et bien qu'il nous donne la loy
Sous l'authorité d'un grand roy
Que la violer soit un crime
Son soin le plus ambitieux
Est toutefois comme j'estime,
De la recevoir de vos yeux.

Le lustre ancien de sa noblesse,
Tant d'honneurs desjà meritez
Et tant d'aimables qualitez
De sa florissante jeunesse
Font souspirer secrètement
D'amour & de contentement
Les plus chastes & retenües,
Qui pressées par un tel pouvoir
En foule sur les advenues
Viennent seulement pour le voir.

Mais non, à ce coup je me trompe,
Sa clarté se cache aujourdhuy,
Et ne sont pas dressez pour luy
Les appareils de ceste pompe:
Les astres les plus esclatans
Ne luisent pas en mesme tems:
Le soleil le jour nous esclaire,
Et sa sœur Diane, à son tour,
Lors qu'il est soubz nostre hemisphère,
Nous faict de la nuict un beau jour.

Toutes ces troupes amassées
Se meuvent pour vostre subject,
Et vous estes le seul object
De leurs yeux & de leurs pensées:
Les uns pressez vont s'estouffant
A l'entour des arcs triomphans;

Les autres en ordre de guerre
Tous prets de combattre pour vous,
Font bruire le ciel & la terre
Et de tintamarre & de coups.

Après ceste fière tempeste
Et ce bruit confus de soudards
Le Dieu d'amour succède à Mars
Et vient à son tour à la feste :
On n'oyt plus la voix de l'airain
L'air redevient calme et serain
Et par belle métamorphose
Cessent tant d'esfroyables sons,
Si qu'on n'entend plus autre chose
Que des hymnes & des chansons.

D'autre part, les dames placées
Se font voir en divers endroicts
Beaucoup plus que les autres fois
Curieusement agencées ;
Mais leur beauté s'esvanouit
Quand la vostre s'espanouit
Et se montrent presque flêtries,
De mesme qu'auprez de la fleur,
Qui paroist dans vos armoiries,
Les autres n'ont point de couleur.

Comme le troupeau des Charites
Demeure sans gloire & sans prix
Lorsqu'avec la belle Cypris

On veut comparer leurs mérites,
Ces vives lumières d'amour
Se confondent à vostre entour
Leur clarté devient sombre & pasle
Comme dans la profonde nuict
Quand la maistresse de Céphale
Du costé des Indes reluict.

Mais j'importune vos oreilles
Je me veux taire, il est raison
De remettre en autre saison
Le récit de tant de merveilles:
Une autre fois plus à loisir
Je veux me baigner à plaisir
Dans le fleuve de vos louanges,
Et d'un air rempli de douceurs
Chanter les promesses estranges
De vos braves prédecesseurs.

Tandis nos services fidèles
Vous seront acquis pour jamais
Et pour comble de tous souhaits
La renommée à tire d'ailes,
Amoureuse de vostre los
Traversant la mer & les flots
Fera d'une voix véritable
Resonner jusques aux confins
De toute la terre habitable
Le nom glorieux des Ursins.

G.

Sur le frontispice de l'arc y avoit une ſtatue en bronze qui repreſentoit le roy Henry IV ſouſtenant de ſa main droicte hauſſée un monde, avec ces mots audedans en lettres noires qui l'introduiſoit parlant avec regret de ny avoir qu'un ſeul monde pour l'object de ſes conqueſtes :

Il ne ſuffit pas.

NO BASTA

& à ſa gauche une eſpée dans laquelle près de la garde eſtoient deux couronnes d'or, & place pour en loger d'autres : ce que ſes deſſeins & l'apparition de ſes armes faiſoient eſperer à un chaſcun.

Ez deux coſtez du Roy eſtoient poſées deux ſtatues ſur la corniche, ſcavoir de Charlemagne à droicte couronné à l'impériale & veſtu d'une robe d'azur fleurdeliſée d'or à l'antique, s'appuyant d'une main à une grande eſpée & ayant à ſes pieds un eſcuſſon parti des armes de l'empire, qui eſt d'or à l'aigle à deux teſtes eſployé de ſable diademé & armé de gueules, & de France, qui eſtoit pour lors d'azur ſemé de fleurs de lys d'or, & à l'entour de l'eſcu :

KARO. MAGN.

Et à la gauche du roy Henry, la ſtatue de Hugues Capet roy de France, couronné & habillé de meſme que l'autre, & portant les inſignes de la justice l'espée & la balance, parceque comme Charlemagne fust l'autheur de tant de conquestes, celuy-ci le fust de l'ordre & de la police du royaume, & à ses pieds estoit escrit :

HVGO

Et les colonnes de tout l'édifice estoient deux colosses armés, de couleur de bronze, ayant chascun une espée de connestable, parceque ces deux en figuroient plusieurs autres comme les noms mis audessus de leurs testes le marquoient, y ayant sur le droict :

MAH. ET. MATH.
MONTMAVR.

& sur le gauche :

ANNAS. ET HENRIC.
MONTMAVR.

qui sont les quatre connestables de Montmaurensi.

A l'entour de l'arcade estoit la dédicace du portail :

MONTMAVRENSIIS PER
VRSINOS PROPAGANDIS

Dans le frontispice, soubz les pieds du roy

Henry, ces vers servant d'explication au contenu du portail :

Issu de ces roys revestus
De mille royales vertus
Et par moy-mesme adorable,
J'allois tout couvrir de guerriers
Et partout semer les lauriers
De ma valeur incomparable :
Et les grands de Montmaurensi
Animez de ce seul soucy
Qu'ils ont d'éterniser leur prince,
Alloient avec moy glorieux,
Si la mort ne m'eust clos les yeux,
Faire du monde une province.

Dans la frise un escriteau contenoit la liste des seigneurs de Montmaurensi qui ont exercé les hautes charges de la couronne. L'inscription en eust été plus longue si l'on eust basti les annales de ceste maison & non des louanges sommaires : & neanmoins le nombre de ces officiers semblera devoir estre raccourci si l'on s'arreste à quelques histoires qui laissent un seul Grand-maistre & trois gouverneurs du Languedoc à ceste maison, & réduisent les huict Mareschaux, les cinq Connestables & les cinq Admiraux à moins : mais ceux qui sauront que la maison de Laval qui a donné de grands officiers à la France estoit un surjon du tronc de Montmaurensi, changeront d'idées & s'ils veulent sauter de ce royaume ez Pays-Bas, ils treuveront plustost à restablir qu'à rayer sur ce compte :

ÆTER. MEMOR. MONTMAVR. HERO. MAGISTER. OFFICIO. I. MAGISTER. EQVI. V. VRIBVNA. EORVMD. VIII. PRÆFECTV. MARIS. V. PROVINC. NARBO. PRÆSIDA. III. ET ALIIS GALLICI IMP. HONORIB. ET ONERIBVS FORTITER ET FIDELITER PERFVNCT. FIRMISSIMORVMQVE REI GALLICÆ COLVMINVM DIŒCE. MONTISPESS. P.

A l'éternelle memoire des héros de Montmaurensi qui ont produict un grand-maistre cinq connestables, huit mareschaux, cinq admiraux, trois gouverneurs du Languedoc & fort courageusement & fidelement exercé tous les autres honneurs & charges de la couronne de France : colonnes très asseurées de la Republique françoise. Le diocèse de Montpelier.

Au revers de l'arc, soubz les pieds du roy Henry IV, se voyoit une femme assise qui figuroit la province de Languedoc armée & couronnée d'olivier & renversante de sa gauche une corne d'abondance pleine de raisins, de figues, melons, abricots, oranges, olives, grenades & autres fruicts naturels du pays, & tenant à sa droicte un rouleau rempli du juste tiltre qu'elle a de mère des armes & des lettres :

Armorum legumque parens.

Mère des armes & des loix.

Dans la frise ceste mesme province soubz le nom de Septimanie que les derniers empereurs Romains ses seigneurs, lui laissèrent est saluée par ses plus belles qualitez, & exhortée de vivre tousjours fidèle soubz ses roys & paisible soubz ses gouverneurs :

Bien te soit, Languedoc, province plus renommée qu'aucune autre de France par ton antiquité, fertilité, courage & sçavoir : & demeure à jamais fidèle à l'empire gaulois & asseurée soubz de si grands gouverneurs.

AVE SEPTIMANIA CELTICARVM PROVINCIAR. VETVSTATE, FERTILITATE, ET ERVDITIONE NOMINATISSIMA ; FIDELISQVE IMPERIO GALLICO ET SVB TANTIS RECTORIBVS SECVRA IN ÆTERNVM PERMANE.

A la frise droicte de l'arcade la grandeur des charges & commandemens exercez par les seigneurs de Montmaurensi est marquée par ce demi-vers :

Le sommet des affaires leur est confié

His rerum commissus apex.

& à la gauche leurs francs & valeureux exploits en ces termes :

Non par la clef mais par la masseue.

Non clave sed clava

Soubz la frise, tout contre la clef de la vouste :

Ainsy jadis lorsque Hercule soustint le ciel, la machine du monde fust mieux souspendue par son contrepoids.

Sic Hercule quondam
Sustentante polum, melius librata pependit
Machina.

D'autant que ceux de Montmaurenſi ſont les ſouſtiens de l'Eſtat de la France, comme Hercule le fuſt du ciel.

L'ARC DE L'ANNONCIATION DE LA PAIX

MADAME fuſt accueillie par la muſique du clergé logée ſur le balcon de l'égliſe Noſtre-Dame reſpondant ſur la Loge; & puis par une harangue de Monſeigneur l'Eveſque de Montpelier à la porte de la meſme égliſe; & au-dedans fuſt par les orgues & muſique chanté quelque hymne. Et en ſortant par l'autre porte, elle ouyt devant le Conſulat ſur un perron enrichi de verdure un concert de muſique de pluſieurs luths, épinettes, violes & autres inſtrumens qui l'arreſta quelque peu pour voir l'arc fermant l'entrée de la ruë des Petits Merciers (*g*).

Le portail contenoit ſur ſa corniche un tableau carré où ſe voyoit le Roy couronné avec un ſceptre à ſa gauche & de ſa droicte eſcraſoit un ſerpent qui vomiſſoit ſon venin, & ayant à ſes pieds ce vers composé pour le premier des exploits ou labeurs d'Hercule :

La nature défendra ce dieu & fera voir que Jupiter est son père.

Defendet natura patremque probabit
Esse Iovem....

Paroles qui marquent la non moins prudente que généreuse action du roy Louis XIII de may 1617 par laquelle à poinct nommé, avec point du tout de perte quasi point d'esfort & un effect admirable, Sa Majesté fist tomber les armes des mains des plus enaigris & porta les plus mutins & factieux à publier en despit d'eux leur joye pour un changement si soudain ; & donnant la paix à son royaume, se donna toute l'authorité qu'à la faveur de son bas-âge toute sorte d'ordres & de personnes vouloient usurper.

Au dessus du tableau une Renommée sonnoit de sa trompette avec un escriteau en sa main gauche :

Je vous annonce des couronnes d'or, & le destin vous les prépare.

V'annuntio corone d'oro,
E le prepara il Fato,

qui signifie Madame de Montmaurensi annonçant ceste nouvelle & promettant par cest évenement une suite asseurée de prosperitez & au Roy une abondance de couronnes dues à sa valeur & magnanimité.

Au costé droict du tableau y avoit une pyramide

jaſpée & au piedeſtal les armes de France & de Navarre couronnées, & tout au long une eſpée entortillée d'un ſerpent avec des mots augurant les victoires & les conqueſtes que ſa propre vaillance & prudence luy promettent & la valeur & prudence de ceux de Montmaurenſi & des Urſins exprimées par l'eſpée & par le ſerpent.

ALCANSAR CON ESTAS.

Conquérir avec ces deux qui ſont la prudence & le courage.

Au coſté gauche une autre pyramide, & à ſon piedeſtal les armes de la Reyne, parti de France & d'Eſpagne qui eſt de Caſtille, de Léon, d'Aragon, de Portugal, de Naples, de Sicile, d'Auſtriche, de Bourgongne, de Flandres, d'Artois, &c., & au long trois mondes entaſſez naiſſant les uns des autres pour eſtre le ſubjeƈt des conqueſtes du Roy:

A LA CVI MONARCHIA NASCONO I MONDI.

Pour la monarchie de qui naiſſent les mondes.

Au vuide de l'arcade, ce chiffre d'un double JL couronné pour le Roy;

A l'autre celuy-ci d'un double A & double A couronnez pour la Reyne.

Autour de l'arcade ſe voyoit le dédiement du portail à dame Felice des Urſins meſſagère de la felicité que ceſte paix promet:

Les Consuls de Montpelier à Marie Felice des Vrsins annonçant heureusement la paix.

MARIÆ FELICI URSINÆ PACEM FELICITER ANNVNCIANTI COSS. MONTISPESSVLANI P.P.

En la frise estoient deschiffrez les succès esmerveillables qui ont suivi ceste grande action du Roy qui passe bien loin au delà toutes celles d'Hercule consistantes en la force des bras plustost que du courage :

Par ceste paix qu'aprez tant de meslanges
Le Roy nous faict annoncer par ses anges,
Ses lys s'estant parfaictement meuris,
Nos factions demeurent assopies ;
Et les torrens prets d'inonder nos vies
Par ce soleil sont tout à coup taris ;
Ce soleil l'object des oracles
Qui faict en naissant des miracles.

Au retour de l'arc & dans le tableau carré on voyoit une espée large finissant par le haut en un sceptre fleurdelisé & enfoncée jusqu'aux gardes dans un heaume d'où sortoit une couronne, & audessus :

Changemens salutaires.

MVDANÇAS SALVDABLES.

Et au bas du tableau estoit l'explication de ceste devise qui faict voir en peu de mots que Dieu s'est ſervi du Roy pour arrachant & perdant ces potirons empoiſonnez reſtablir la France en ſa ſanté & par l'aide & conſeil de ſes ſerviteurs & médecins de ſon eſtat rappelez prez de ſa perſonne, lui reſtituer ſa vigueur & ſon luſtre

LA SPADA VIENE SCETTRO,
L'ELMO CORONA, PACE LA GVERRA
E LA PERFIDIA FEDE.

L'eſpée devient ſceptre, le heaume couronne, la guerre paix, & la trahiſon foi.

Mais dans la friſe furent mis ces vers italiens quoiqu'ils s'écartent aucunément du ſubjeƈt de ce portail afin que Madame viſt & leut tous les jours en ce lieu où elle paſſoit d'ordinaire pour aller à ſa dévotion, ſes louanges en ſa langue :

Si di lodar intendi
Maria al cui valor tutto s'inchina
Ergiti al cielo e prendi
Qui vi l'idea d'ogni virtu divina :
E ſe ſpiegar tant' altamente il volo
Non puoi, taci e di ſolo :
Baſtara pur ch'el mio tacer la lode
Ch'el non poter lodar la e vera lode.

Si tu veux louer ceſte Marie à la valeur de qui tout s'incline dreſſe toi au ciel & prends y l'idée de toutes les vertus divines; & ſi tu ne peux deſployer ton vol ſi hautement, tais-toi & dis ſeulement : Il me ſuffit que mon taire la loue car ne la pouvoir louer c'eſt ſa vraye louange.

Au coin droiƈt de la vouture, des doubles L & A couronnez pour le nom du Roy ;

Au coin gauche des doubles A & A couronnez pour le nom de la Reyne.

L'envers des pyramides & des colonnes eſtoit couvert par les murailles des maiſons voiſines.

Et pendant le paſſage de Madame de Montmaurenſi ſoubz cet arc fuſt chantée par les muſiciens la chanſon ſuivante faicte à l'honneur du Roy :

Les peuples altérez deſſoubz la canicule
N'ont pas tant de chaleur
Ni le ciel de clarté que le petit Hercule
De gloire & de valeur.

Les monſtres eſtouffez en ceſt âge ſi tendre
Ne font-ils pas doubter
Que ſi ſur tout le monde il vouloit entreprendre
Il le pourroit dompter.

Puiſqu'il a commencé comme le fils d'Alcmène
Rien n'empeſche ſes lois
D'aller marquer un jour les fins de ſon domaine
Plus oultre que Calois.

Et faire recognoiſtre à la terre habitée
Les marques de ſon nom
Depuis qu'il a l'honneur qui luy ſert d'Euryſthée
L'envie de Junon.

A peine les trois ſœurs dans la ſeizieſme année
Allongent leur fuſeau

Qu'il a desjà vaincu la fortune obstinée
A luy nuire au berceau.

Et semble que les cieux à luy seul favorables
Ayent prémedité
De changer par ses faicts en histoires les fables
Qu'a feinct l'antiquité.

Mars desjà par deux fois des esclats de sa foudre
Avoit gasté nos champs
Sans que pour l'empescher aucun se peût résoudre
A punir les meschants.

Quand il a de sa voix apaisé les alarmes
Qu'ils vouloient esmouvoir
Faisant voir aux François que sa voix & ses armes
Ont un mesme pouvoir.

Et que jadis Pallas au bruit de son égide
Donnant l'estonnement
Ne fist pas tant d'effect qu'en ce tems nostre Alcide
A parler seulement.

M. *(b)*

L'OFFRE DES NYMPHES DE MONTPELIER.

A LA place de la Peyre *(i)* s'eslevoit un théatre sur lequel sonnèrent les hautbois, & dez que Madame fust auprez ils se teurent & se fendirent pour faire place à une nymphe couverte de verd naissant, couronnée de joncs & de glayeuls & autres herbes de rivière parceque elle représentoit celle qui passe à Montpelier nommée le Lez. Elle prononça des vers & fust interrompeue par une autre nymphe boscagère habitante du bois de Valène, habillée de vert d'herbe & couronnée de chesne, d'arbous & de genest, laquelle encore fust arrestée par une troisiesme parée en nymphe de montagne, car Montpelier est assis sur une colline, & vestue de couleur orangeadine avec des bouquets de toute sorte de fleurs & une aigrette à la teste & ornée de pierreries : qui parla quelque tems aux deux autres, & les ayant faict taire, salua Madame de Montmaurensi au nom des dames de la ville :

Paroles de la Nymphe dv Lez.

—

Le Lez abandonnant ses rives
Amenoit ses ondes captives
Pour admirer cest appareil :
Et voyant vostre astre paroistre
Ces travers de fleurs qu'il faict naistre
Il vous prenoit pour le soleil :
Mais courant à bride abatteue,
Couvert de joncs, la teste neue ;
Cérès & Bacchus esfrayez,
Avec leur prière & leur plainte
Ont arresté ses flots de crainte
Qu'ils avoient d'en estre noyez :
J'entreprens pour luy ce voyage
Et vous viens rendre cest hommage
Pour la plus belle des citez....

De la Nymphe dv Bois de Valène.

—

Non, non, sacrifiez aux Grâces,
Car vos eaux sont un peu trop basses
Pour eslever des deïtez ;
Vos bords peuplez de buandières

N'ont jamais veu de ces lumières :
Les canards ſont vos nourriſſons ,
Vos orangers ſont des citrouilles ;
Au lieu de cygnes les grenouilles
Y ſont retentir leurs chanſons.
C'eſt à moy, Nymphe de Valène,
A porter ma voix plus hautaine
Juſqu'à la demeure des dieux.

De celle de Montpelier.

Nymphes, avez-vous le courage
De deſgoiſer voſtre ramage
A ceſte merveille des cieux ,
Puiſque la terre que j'habite
Eſlève ſi haut ſon mérite
Qu'Olympe n'eſt rien prez de moy ;
Vos cheſnes bravant les tempeſtes
Doivent humilier leurs teſtes
Tout auſſitoſt que je parois :
Et les perroquets de mes cages
Sont préférables aux ſauvages
Comme les palmes aux roſeaux :
Dailleurs, quand on parle des anges
On ne leur dit pas des louanges
Par des poiſſons ni des oiſeaux.

Moy donc, du monde la merveille,
Qui suis en France sans pareille
Et d'un ornement si divers
Que le bien que je représente
N'a rien en soi que ne ressente
La Princesse de l'univers,
A vous, miracle des miracles,
J'ose dresser des tabernacles
Durables à l'éternité,
Adorant vos vertus supresmes,
Je m'offre moy-mesme à vous-mesmes
Ainsy qu'à la divinité.

Prenez ces beautez pour hosties
Dont nos maisons sont assorties
Que je remets sur vos autels,
Avec les armes rigoureuses
Qui les rendent victorieuses
Autant des dieux que des mortels.

L'ARC DES HONNEVRS
DE MONSIEVR ET DE MADAME DE MONTMAVRENSI ET DES PROSPERITEZ DV LANGVEDOC ATTENDVES PAR LEVR MOYEN.

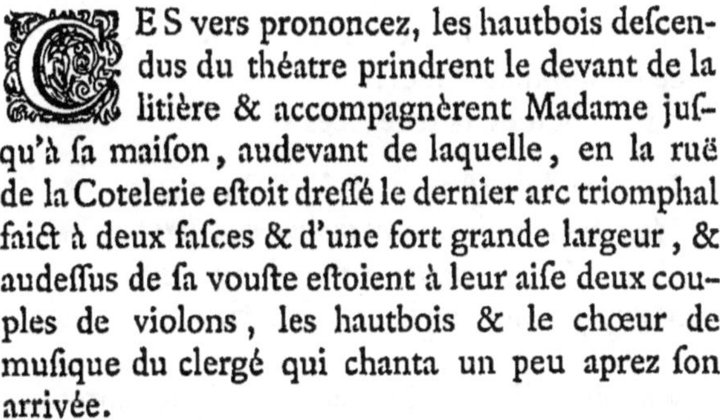

CES vers prononcez, les hautbois deſcendus du théatre prindrent le devant de la litière & accompagnèrent Madame juſqu'à ſa maiſon, audevant de laquelle, en la ruë de la Cotelerie eſtoit dreſſé le dernier arc triomphal faict à deux faſces & d'une fort grande largeur, & audeſſus de ſa vouſte eſtoient à leur aiſe deux couples de violons, les hautbois & le chœur de muſique du clergé qui chanta un peu aprez ſon arrivée.

La première faſce avoit ſur ſa corniche des baluſtres ez deux coſtés & un frontiſpice contenant un tableau dans lequel eſtoit une reyne de mer ou Thétys, nue, de couleur d'eau, couronnée & debout dans une nacre de perle ou coquille nageante en pleine mer. Elle portoit en une main un monde d'eau & à ſon coſté droict avoit une nymphe marine ou néréide aſſiſe ſur une baleine ou monſtre marin jetant de l'eau par deſſus la teste & par le muffle. Cette nymphe tenoit en sa main trois bannières de navire dont la plus haute contenoit les armes des ducs de Normandie qui sont de gueules à deux léopards d'or mis l'un sur l'autre, la seconde celles des ducs de Bretagne qui sont d'argent semé d'hermines de sable ; & la troisiesme, celles des ducs de Guienne qui sont de gueules au léopard passant d'or. Et à gauche, y avoit une autre nymphe ou néréide sur un dauphin avec la bannière des comtes de Toulouse qui est de gueules, à une croix vuidée, clefchée ou terminée & pommetée d'or.

Et au milieu de la frise, ces vers :

Les mers d'Ouest vous ont baissé leurs testes,
Mais pour avoir tout ce monde mousvant,
Il vous falloit joindre à tant de conquestes
Mesme pouvoir sur la mer du Levant.

qui vouloient dire que Monsieur de Montmaurensi, admiral de France, de Bretagne & de Guienne, devenoit admiral & Madame de Montmaurensi admirale ou reyne de la mer du Levant comme gouvernante du Languedoc.

En l'un des bouts de la frise se voyoit une ourse avec ses sept étoiles, & à l'entour :

TE DVCE VELA DAMVS

Nous naviguons soubz ta conduite.

car l'ourse ou cynosure est tousjours regardée par

les mariniers & par l'aiguille marine comme eftant le guide de la navigation: & Madame de Montmaurenfi regardée en Languedoc comme maiftreffe guide & admirale de mer & comme gouvernante en terre.

A l'autre bout de la frife eftoient quatre ancres entr'accrochées, & à l'entour:

Pour plus, s'il y en avoit davantage.

PARA MAS SI MAS HVVIERA

pour plus d'admirautez, s'il y en avoit plus de quatre.

Les colonnes de cefte fafce eftoient un Triton ou Palœmon, dit autrement Portun, tenant une clef à la main, parcequ'il eft dit maiftre des ports; & l'autre une Sirène; & audeffus de leurs teftes, par ce demy vers:

Palœmon donne le frein des rofes au dauphin.

... Frenatque rosis
Delphina Palæmon...

eftoit exprimé que le Dieu de la mer ou l'admiral maiftrife la mer du Levant (que le dauphin repréfente), par les rofes ou la douceur de Madame de Montmaurenfi.

Et en l'efpace vuide de la defcente de l'arcade, une plante de lys fortant de l'onde: en l'autre, une roſe avec une inſcription commune à toutes deux :

FLORESCENT SEMPER IN VNDIS

Elles fleuriront toutes deux dans les ondes.

qui veut dire que l'empire françois figuré par les lys & les roſes fleurira tousjours dans la mer par le gouvernement de Monſieur l'admiral de Montmaurenſi.

L'autre faſce de l'arc eſtoit ſemblable, fors qu'audeſſus de ſa corniche, dans le couronnement, eſtoit peinct un tableau contenant une galère pour figurer la mer du Levant, ou la province de Languedoc qui en eſt bordée ; ayant à la poupe un muffle d'ours avec une fleur de lys audeſſoubs de couleur de bronze doré, & au long de la première ceinture :

CONTEMNIT TVTA PROCELLAS.

Elle meſpriſe en ſeureté les tempeſtes.

Dans la poupe eſtoit un jeune Céſar couronné de lauriers tenant le gouvernail : & à la proue une nymphe aſſiſe & couronnée de meſme.

Au milieu de la friſe, ces vers :

Vaiſſeau, ne crains pas les tempeſtes
Tu portes plus que des Céſars :
Ne crains ni foudre ni hazards
Car le laurier eſt ſur leurs teſtes.

pour ſignifier que la province de Languedoc

ſubjecte à tant de mouvemens, n'a plus à les craindre puiſqu'elle porte des Céſars & leur fortune (qui furent les paroles hardies de Jules Céſar à un marinier blémiſſant à cauſe de la tourmente dont ſon navire eſtoit agité), & puiſqu'elle a pour gouverneurs Monſieur & Madame de Montmaurenſi couronnez de laurier qui de ſa nature ne craint point la foudre.

En une extremité de la friſe, trois couronnes enlacées dues & deſtinées à Monſieur de Montmaurenſi : l'une, triomphale ou terreſtre faicte de tours & de chaſteaux; l'autre, marine ou navale faicte de becs & de mats de navires; & la troiſieſme, céleſte, audeſſus des deux, composée d'eſtoiles, avec ces mots :

Au ciel, en la mer & en la terre.

COELOQVE, SALOQVE SOLOQVE.

A l'autre extremité, deux ancres, deux baſtons de Grand-Maiſtre virolés d'or; deux eſpées de conneſtable nues, à deux tranchans, à la poignée, pommeau & croiſée d'azur, ſemées de fleurs de lys d'or, & deux haches d'armes de Mareſchal, au manche parſemé de fleurs de lys d'or & de mots de l'entour monſtroient que la maison de Montmaurenſi a poſſédé les plus grandes dignitez de la couronne de France :

Ils ont paſſé par tous les degrez.

PER CVNCTOS IVERE GRADVS

Les colonnes de ceste fasce estoient deux fleuves couronnez de joncs & environnez de roseaux & autres herbes aquatiques ; versant l'un de sa main droicte, l'autre de sa main gauche l'eau de leurs cruches à gros bouillons ; & joignans tous deux leurs deux mains sur la clef de l'arcade, par le moyen d'une coquille qu'ils tenoient, & ayant audessoubs de leurs aissellès, leurs noms, celuy du costé droict TIBERIS (le Tibre), celuy du gauche RODANVS (le Rosne), & audessus de leurs mains :

VICTRICES MISCEMVS AQVAS — Nous meslons nos eaux victorieuses.

pour dire que par l'alliance de deux valeureuses familles, les nations belliqueuses dont elles sont issues, la françoise & l'italienne, se joignent ensemble.

Le ciel ou berceau de l'arc estoit parsemé des chiffres de Monsieur et Madame de Montmaurensi qui sont des doubles H. M. F. M. & O entrelacez diversement pour les noms de Henri de Montmaurensi & Maria Felice Orsina, & des roses & d'alélions, avec ce quatrain sur la clef :

Nostr' Achill' ne vit pas de moelle de lion
Comme le grec qui fist tant de metamorphoses
Mais du plus pur de l'air comme l'alélion,
Encor en sa faveur on l'embausme de roses.

iv

Le sens en est fort clair ; néanmoins il est à propos de redire que Monsieur de Montmaurensi ne se nourrist pas de moelle de lion comme Achille le fust par Chiron son nourricier, mais semblable aux alélions qui sont les oiseaux de ses armoiries, il vit & s'entretient d'un plus exquis aliment & plus hors d'usage des hommes, sçavoir des grands & valeureux desseins ordinaires à ceux de son nom, si seront des exemples cueillis en la famille des Ursins ses alliez, outre ceux qu'il trouve dans la sienne.

Ez vers chantez sur la vouste de ce berceau par la musique du clergé, Monsieur l'Admiral soubz le nom de Neptune le Dieu de la mer commande aux vents de porter jusqu'au ciel la joye qu'il a de voir dans son gouvernement Madame l'Admirale, seule par lui désirée & à cause de ses mérites plus digne de louange & d'estre jalousement aimée par les dieux mesmes. Y exhorte encore les fleuves du Tibre qui sort du mont Apennin, & du Rosne qui naist au Mont-Cenis figurez au dernier de ces spectacles & figurant l'Italie & la France, ou plustost les maisons de Montmaurensi & des Ursins qui en sont issues, de mesler si bien leurs eaux, que d'elle ainsy que de ces deux races ne s'en fasse qu'une. Ils serviront de fin & de couronne à ceste œuvre comme ils le feurent & de la pompe & de la journée :

Arreste-toi Zéphir ,
Et relaschant mes voiles ,
Audessus des étoiles
Va porter mon désir :
Fais si bien que l'on oye
Les excès de ma joye
Dans le séjour des dieux ,
Puisque ceste déesse
Faict que mon désir cesse
Maintenant dans les cieux.

Autre ne peut avoir
Dessus cest hémisphere
Le pouvoir de me faire
Soubmettre à son pouvoir
Quand Jupiter mon père
Afin de m'en distraire
Me céderoit l'honneur
De régir son empire
Je l'estimerois pire
Que je ne fais cet heur.

Aprez que le destin
Soucieux de mon estre
L'eust pour moy faicte naistre
Au rivage latin ,
Venant en ma contrée
Elle fist son entrée

De telle gravité
Que mes nymphes moureurent
Du despit qu'elles eurent
D'avoir moins mérité.

Que doncques les ruisseaux
Coulent d'un pas plus libre
Vers le Rosne & le Tibre
Pour accroistre leurs eaux :
Que leur source féconde
Mesle si bien leur onde
Que dans leurs flots unis
Il ne puisse paroistre
Quel l'Apennin fait naistre
Ny quel le Mont-Cenis.

J'ai faict exprès venir
De mes humides plaines
Cet accord de Sirènes
Pour vous entretenir :
Dieux pleins de jalousie
Que vostre âme saisie
Des attraits de ses yeux ,
Pour me livrer la guerre
Ne vous rende la terre
Plus belle que les cieux.

M.

Ez jours suivans fust récitée une pastorale par des escoliers en médecine *(j)*. Et fust dansé un ballet d'aveugles de fort jolie & fort ingénieuse invention où feurent introduits des Cupidons, des Apollons, des Sirènes & des monstres marins bien représentez, & plusieurs airs ou chantez à la voix & sur le luth ou sonnez sur les violons : & beaucoup de passages bien dansez figurant toutes les lettres du nom de Madame de Montmaurensi, mais il n'en sera faict aucune description parceque d'ordinaire la danse, pour si bonne qu'elle soit, laisse aussy peu de mémoire de soy, que les mains des violons ou les pieds des danseurs laissent de trace, dans l'air ou sur le pavé, de leurs sons ou de leurs passages.

FIN.

NOTES

(a)

La rue de la Cotèlerie occupait la partie de la Grand'-Rue comprise entre la rue du Gouvernement & celle du Cygne. Elle avait pris ce nom du grand nombre de boutiques de maîtres couteliers qui s'y trouvaient, & dont les produits étaient en grande réputation au moyen âge, ainsi qu'il résulte de leurs Statuts rédigés en 1582, où il est dit que «la ville de Montpelier est jurée de tout tems renommée pour ledit art & mestier de coutellier». (*Petit Thalamus*, Établissements, p. 217).

L'autre partie de la Grand'-Rue s'appelait rue de la Saunerie ou des Parfumeurs, & plus anciennement encore, rue de Trépassens. Le nom de Saunerie finit par s'étendre aux deux parties, jusqu'à l'époque toute moderne où il a été remplacé par celui de Grand'-Rue.

Au XVIIe siècle, le Gouverneur de la Province n'avait pas encore à Montpellier un hôtel particulier. Pendant les divers séjours qu'y fit le duc de Montmorency, il logea dans la maison du juge De Plantade, située dans l'île qui porte encore ce nom. C'est entre cette maison & celle du président Tuffani que se donnaient les carrousels & courses de bagues faites en l'honneur du duc. (*Archives de l'Hôtel-de-Ville*, Comptes de 1616).

Le maréchal de Schomberg, son successeur, logea dans la maison de Fourques, rue de la Saunerie, & les fêtes se donnèrent alors entre la pointe de l'Argenterie & la rue du Petit-Saint-Jean. (*Mém. particuliers, mss.*).

(*b*)

Il y avait une double porte pour sortir de la ville par le Pila Saint-Gély : l'une, à l'extrémité de la rue, en deçà du fossé, subsistait encore avec sa grande ouverture ogivale à la fin du siècle dernier (*Renouvier*, Vieilles maisons de Montpellier, *Mém. de la Soc. Archéol.*, T. 1); l'autre, située au-delà du fossé sur le boulevard, n'était pas dans le même axe que la première; il fallait faire un détour à gauche pour arriver au pont-levis qui lui donnait accès.

(*c*)

Le duc de Montmorency aimait & patronnait les beaux esprits. Scudéry, en lui dédiant sa tragi-comédie de *Ligdamon & Lydias* (Paris, Targa, 1631, in-8°), lui dit « qu'il est le seul, en ce siècle barbare, qu'on peut légitimement appeler le père des soldats & le protecteur des poètes. »

Il avait toujours, en effet, autour de lui, comme Gaston d'Orléans & plus tard le prince de Conti, quelques-uns de ces poètes courtisans, gens du monde, aimables &

spirituels, qui ne faisaient des vers qu'à leurs moments perdus, disaient-ils, & qui cependant ne négligeaint pas de les faire servir à leur fortune.

Parmi ceux qu'il pensionnait ou qu'il logeait dans son hôtel, on peut citer notamment Boissat, Mairet & Théophile Viaud. Ces deux derniers ont chanté maintes fois Madame de Montmorency sous le nom de Sylvie. A ces noms connus on peut joindre Le Sage de Montpellier, qui a composé plusieurs pièces patoises en l'honneur du duc & de la duchesse.

Quant au poète qui parait trois fois dans notre relation sous la même initiale G. nous n'avons pu découvrir son nom.

(*d*)

Madame de Chatillon avait fait elle-même, l'année précédente, une Entrée, qui pour être plus modeste que celle-ci, n'en eut pas moins une certaine magnificence.

Voici les singuliers cadeaux que lui firent nos consuls dans deux layettes en maroquin du levant avec serrures dorées :

Douze litres d'eau-d'ange, bien et dûment musquée, dans six hydres dorées ;

Quarante-huit livres de poudre de Chypre, bien et dûment musquée, dans vingt-quatre flasquettes dorées ;

Vingt-quatre livres de poudre de violette bien préparée ;

Douze sachets de satin de diverses couleurs, bordés d'or & d'argent pour la mettre ;

Quatre grands sacs de satin incarnat & bleu, pleins de roses musquées, avec ambre, musc & civette, pour servir d'oreiller sur le chevet du lit ;

Deux cassolettes pour parfumer la chambre, avec ambre, musc & civette ;

Douze bouteilles de fer-blanc pleines de sirop de capillaire * ;

Deux cents cure-dents musqués.

Tous ces objets sortaient de la boutique de Laurent Catelan, le célèbre « maiſtre apoticquaire, dont le cabinet de raretez naturelles eſtoit viſité par les plus grands princes de France & les plus doctes & curieux du royaume tant prélats que magiſtrats, & qu'il euſt infailliblement préſentées à Sa Majeſté (Louis XIII), ſi l'exceſſive quantité des parfums qu'il préparoit n'euſſent donné des appréhenſions à Meſſieurs les médecins, qui pour lors eſtoient de quartier, que l'excès de telles odeurs euſſent peu en quelques façons esbranler ſa ſanté **. »

(*d'*)

Ces initiales désignent ici bien clairement (& la facture des vers suffirait du reste pour le faire reconnaître) François de Rosset, le rimeur, prosateur, traducteur & compilateur infatigable, qui a rempli de ses productions tous les recueils de l'époque.

Rosset était originaire de Grenoble. Sa famille, transférée à Montpellier, a fourni des officiers au Présidial & à la Cour des Aydes de cette ville; notamment Pierre-

* Le Capillaire de Montpellier avait une grande réputation. Il existe sur cette fougère, à laquelle on attribuait alors des vertus innombrables, un opuscule assez rare du médecin Pierre Formi, publié par un imprimeur qui n'a guère laissé de traces à Montpellier : « Traité de l'Adianton ou Chevev de Vénus, &c., » Montpellier, P. Dubuisson, marchand-libraire & imprimeur du Roy, 1644, in-8° de 80 pages.

** C'est chez le grand-père de Laurent Catelan que logea Félix Platter pendant son séjour à Montpellier, séjour dont le curieux journal a été traduit par M. Germain dans son « Étude sur la Renaissance à Montpellier. » Catelan a composé divers traités sur le Besoar, sur la Licorne, sur la Thériaque, &c.

Fulcrand de Rosset, auteur d'un poëme de *l'Agriculture* qu'on ne lit guère, & d'hymnes latins qu'on ne chante plus.

Notons en passant qu'on a eu tort d'attribuer à François de Rosset les *Portraits des plus belles dames de Montpellier*, imprimés en 1660, car il mourut vers 1630, & la mode de *Portraicture* ne commença guère que vers 1657.

(*e*)

L'arc Saint-Nicolas s'appelait ainsi de la chapelle Saint-Nicolas dont il était une dépendance. Cette église, une des plus anciennes de Montpellier puisqu'elle est déjà mentionnée dans des actes de 1103 et 1108 (*d'Aigrefeuille*, T. II. p. 261), avait donné pendant quelque temps son nom à la rue de l'Aiguillerie. Les protestants la démolirent en 1568.

Un règlement de police de Jacques le Conquérant, en date de 1259, qui défendait de jeter des arceaux d'une rue à l'autre comme c'était alors l'usage, laissa subsister, par la raison qu'ils étaient en pierre, celui de Saint-Nicolas & celui de Brun, dans la rue Bouques-d'Or. Cet arc se trouvait entre la place Brandille actuelle & une petite rue aujourd'hui supprimée, qui partant de l'impasse Montferrier allait aboutir à la Monnaie. On la reconnaît encore sur le côté de l'hôtel Saint Maurice.

(*f*)

Le portrait finement gravé par Van Schuppen qui se trouve en tête de sa Vie écrite par Cotolendi, la représente dans ses voiles de Visitandine encadrant ou plutôt enserrant peu gracieusement l'ovale du visage, & à un âge trop avancé d'ailleurs pour qu'on puisse juger si tous ces hommages rendus à sa beauté n'étaient pas de pures exagérations poétiques.

« C'est une femme de beaucoup d'esprit, dit Mlle. de Montpensier, qui la vit à Moulins avec toute la cour, en 1660, & qui paroit avoir esté fort agréable, quoiqu'elle n'ait jamais esté belle, à ce que la Reyne m'a dit. » (*Mémoires*, édit. de 1730; T. IV, p. 129.)

Ses mains étaient magnifiques. Théophile nous apprend qu'elle avait la taille déliée, le teint vermeil, « la blancheur des neiges célestes. »

Blanche comme Diane & légère comme elle,

dit-il encore ailleurs, & avec cela de grands yeux noirs :

Et Sylvie en ses proumenoirs
Jette l'esclat de ses yeux noirs.

Il existe d'elle un autre portrait gravé par Vallet, in-folio. Ses traits ont été très-fidèlement reproduits aussi, dit-on, dans la statue de la douleur qui orne le magnifique tombeau qu'elle fit élever au duc par le sculpteur Anguier.

(g)

La rue de la Peyre ou des Petits-Merciers, pour la distinguer de celle des Merciers-Saint-Nicolas, c'est-à-dire l'Aiguillerie, s'est appelée plus tard rue du Cardinal ou de Narbonne, à cause du cardinal de Bonzy, archevêque de Narbonne & président-né des États de Languedoc, qui, pendant son séjour à Montpellier, logeait tantôt à l'Hôtel Flaugergues sis dans cette rue, tantôt dans la rue Saint-Guillem, chez le marquis de Castries, gouverneur de Montpellier. Les Archevêques de Narbonne qui vinrent après lui logèrent jusqu'à la révolution dans le magnifique hôtel construit au commencement du XVIIIe siècle, par Bonnier de la Mosson, trésorier des États.

(*h*)

Cette pièce, ainsi que celle qui termine la relation, pourrait bien être de P. Magnan, qui composa dans le genre de la *Sepmaine* de Du Bartas, un long poème sur le cours de la vie humaine intitulé: *la Journée du voyage du monde, faicte par P. Magnan, sous la conduite de l'Uranie. Montpellier, Jean Gilet*, 1621, in-8°.

Magnan était natif des Cevennes, pays alors peu fertile en poètes, s'il faut en croire un sonnet que lui adresse un enthousiaste de son talent:

Vrayment j'eusse pensé, Magnan, que les Sevènes
N'eussent en leurs costaux que de lourds hérissons,
En leurs mines que fer & pour leurs nourrissons
Que loups ou que sanglers en leurs vastes garènes:
Mais voyant de ton jour les grâces plus qu'humaines,
Je croy que leurs costaux sont autant d'Helicons.

(*i*)

La place de la Peyre était le carrefour formé par la rue de la Peyre (aujourd'hui du Cardinal), de la Fusterie (aujourd'hui du Gouvernement), de Sainte-Foy, & de la

Cotèlerie. C'est à la Peyre & dans la maison Bossonel que logea Charles IX, lors de l'entrée solennelle qu'il fit à Montpellier en 1584, entrée dans laquelle on avait suivi exactement le même itinéraire que dans celle-ci.

(j)

Voici cette pièce, une des plus gracieuses certainement parmi celles qui composent le recueil des *Folies du sieur Le Sage*, de Montpellier (édit. de 1725, p. 138).

DIALOGUE DE DOS PAYSANDAS
sur l'intrada de Madama de Montmorancy.

FRANCESA.

MA sorre, que de merevillas !
Yeu voudriè que toutas las fillas,
De toun village amay dau mieu,
Quittant leur silousa & leur sieu,
Çay sougueßoun ayci vengudas;
Dansarian couma de perdudas,
Farian rages das pes darriez.
Noun ausissen que menestriez,
Per toutes lous cantous de vila.
Yeu crese que çay n'a dex mila
Tant tout çay tourna çay ou lay
Margot, digas-me, se te play,
Ount'as estat ? ount sies anada ?
Ount'as-tu ta legna pausada ?
Qu'as-tu fach despioy de matin ?

MARGARIDA.

Qu'ay fach? noun pas un grand butin.
Ay pausat mas cargas de legna
Davan lou logis de l'Enseigna.
Ay laissat per sept ou hioch sous
Tout aquest grand plen panié d'ious :
Et noun ay agut sin ni pausa
Per veyre aquesta bela causa,
E qu'oun age mes moun bestiau,
Dins l'estable d'un dau Courrau.
May diga-m'un pau, ma soureta,
Ount'as-tu laissat la carreta ?
Que tu noun agas menat Iou ?

FRANCESA.

Iou ye dort dessus, qu'avié son,
Per tan qu'aquesta neit passada
Jusquas que l'auba s'es levada,
S'és amusat à sa l'amour :
Ensin a veillat jusqu'au jour,
Embé sa fringayra Louisa.
Quand una persouna devisa,
Lou tens coula sans y pensa.
Iou n'és fat qu'oun pot pas pissa.
Au Courrau nous attèn que bussa,
Endourmit coum' un'a bouduffa.
A qui tout yoi lou trouvaren,
De l'houra que nautres voudren.
Vegan soulamen jusqu'à vespras,
Tout ayço de cauquas fenestras :
Car cau que tu degues sçavé,
Que yeu ay vendut atabé
Mous froumageous & mas cerieiras,
Tout en coucha per las carrieiras :

E n'ay fach un mercat pourrit ;
E despioy ay toujour courrit
Deçay, delay, couma una fola,
Per veyre de trouva Nicola;
Afin que vegués de lesé,
En nous autras tout lou plasé.
May aquela desesperada,
San nous attendre s'es anada.
Toutas-fés digas-m'entremen,
Qu'as vist digne d'estounamen?
Car yeu çai souy touta ravida.
Conta-m'ou dounquas Margarida

MARGARIDA.

Yeu ay vist à bels troupelats,
D'homes qu'eroun toutes armats,
E qu'à grands cops d'arquabusadas,
Fasien ressoundi las caladas :
D'autres tant à pé qu'à chival,
Que d'amoun venien assaval.
L'un descendié, l'autre mountava,
Tantos l'un l'autre se poussava.
Aco noun eroun que d'anas,
Que de venis, que de tournas.
Lou Pila-San-Geli noun era,
Que cris de vay, de ven, d'espera,
Tourna deçay, tourna delay,
Espera-m'un pau se te play.
Tout lou mounde ly era en varailla.
Aguesses vist sur la muraille,
Des gens que jusquas as varlets,
Mountavoun dessus lous merlets.
Lous uns anavoun de desora,
N'y avié que pourtavoun de gorra,

D'escharpas ou quicon de bel,
D'autres de plumas au capel.
Aguesses dich qu'eren en guerra.
Aneroun au miech d'una terra,
Vers lou camin de Castelnou,
Que de tant qu'eroun, fasien pou.
Pioy s'en vengueroun vers la vila,
Tous lous gendarmas à la fila,
Toûjour pif, pouf, patrac, patrac.
Tiravoun que fasien lou drac.
Noun niaviè petitas ni grandas,
Ni bourgesas ni artisandas,
Que per ou veyre pauc ou prou,
Noun aguessoun un fenestrou.
Aguesses vist las Doumayselas,
Que fasien aqui de las belas.
L'on noun vesiè que charmariè,
Tout lou lon de l'Aguliariè.
Las carrieiras entravessadas
De bels pourtaus facs en arcadas,
Et aval vers lou Counsoulat,
Tout aco n'es enramelat.
Yeu pode dire qu'à ma vida,
Noun ay vist causa tant poulida:
Ni jamay tant que yeu vieuray,
Tala belezа noun veyray.

FRANCESA.

S'ou avies tout vist, Margarida,
Tu series be millou ravida,
Coume yeu qu'ay vist en aval,
De Doumayselas à chival,
De la centura en haut armadas,
En leurs gounellas chamaradas

En de grand paſſamen d'argen,
Iamay noun ay viſt tala gen :
Sinoun que toutas las perſounas
Las apelavoun d'Amazounas,
Pus belas, moun enfan de Dieu,
Que noun as pas un jour d'eſtieu.
Aco noun era pas de fillas,
Eroun pus leu de merevillas.
Auſiſſias à cada cantoun
Lou tambour para pata poun
E la troumpeta que ſounava !
Lou diable ſe res y manquava,
Vieulouns, mandoras e laüts,
Pifres, chalaminas, flaüts,
E de gens qu'embe leurs voix plenas
Cantavoun millou que d'ourguenas.
Iamay de tout lou lon de l'an
Mouſſen Ioï noſtre capelan
En ſon Clerge que l'y repliqua,
N'a fach de tant bela muſica.

MARGARIDA.

May, Franceſa, el ſoudriè ſçavè
S'ayço ſe fay per mau ou bè;
Car s'ayço menava la guerra
Couſſi labourarian la terra ?
Couſſi farian per ſemena ?
Que pourrian ſayre per dinna ?
Dieu nous garde de tala eſcorna,
Pourrian be demanda l'aumorna
Dins mens de la mitat d'un an.

FRANCESA.

Que tu ſiès baugea, moun enfan !

Noun veses-tu qu'aquest' intrada
Es estada atau preparada
Per aquela Dama d'alay
Que van mena dins un palay,
Qu'ès au mitan de la carrieira,
Dins aquela bela litiera.
Regarda, noun veses d'ayci
Madama de Mommourdnci?
Roudilla-la ben, Margaridu.

MARGARIDA.

Iesus, Segneur Dieu, qu'es poulida!
Ma soureta que me countas?
Per ma fè, yeu n'ou sçaviè pas.
Se ne fousta estada insourmada,
Yeu aviè una girouflada,
Tres rosas e cauque gauget,
Toutas ensemble emb'un bouquet,
Qu'yeu n'auriè fach de cor e d'ama
Un brave presen à Madama,
Qu'ela auriè pres de for bon grat
Vesen ma bona voulountat.

FRANCESA.

Taysa-te. Fas-tu de la baugea?
Crida may afin qu'ela t'augea?
Apparten-t-i as païsans
De fayre de presens as grans?
Chut, ma sorra, stay en silença.

MARGARIDA.

Pioy qu'aycis es nostra presença
E que moun yol vous pot causi,
Madama, se vous play m'ausi,

Se Dieu nous fay jamay la graça
De veyre voſtra bela faça
Dins noſtre village petit,
Dau pus gran juſqu'au pus petit,
Noun pas en tant granda ſanſara,
May au mens en fort bona cara,
Vendran à voſtre lendavan
Embe tout cè de pus bel qu'an:
E au ſoun de las cournamuſas,
En leurs belas camiſas cruſas,
Danſaran lou lon dau camin
Tout ſemenat de jaſſemin.
D'una autra part las païſandas
Auran fach de belas guirlandas
Ounte ſe veyran las coulous
De mila e mila belas flous,
Qu'en l'hounou d'una tala feſta
Vous vendran pauſa ſus la teſta.
Adieuſſias, Madama, m'en vau.
Se voulès res de moun houſtau,
Seloun ma petita paurieyra,
Tenès-me per voſtra cambrieyra.
Yeu diray couma à Mounpeliè
Fay chacun en particuliè,
Que noſtre Seigne vous beniſque.
Yeu pregue Dieu que nous auſiſque,
E que viſquas jouyouſamen
Iuſquas au jour dau jugeamen.

Achevé d'imprimer à Montpellier

le XXVI Avril MDCCCLXXIII

par Jean MARTEL aîné

rimeur de la Société des Bibliophiles de Montpellier

www.ingramcontent.com/pod-product-compliance
Lightning Source LLC
LaVergne TN
LVHW020431230826
846091LV00004B/1444

* 9 7 8 2 0 1 3 6 2 7 7 9 5 *